Hebridean Pocket Diary 2019

Illustrations by Mairi Hedderwick

This edition published in 2018 by
Birlinn Limited
West Newington House
10 Newington Road
Edinburgh
EH9 1QS

www.birlinn.co.uk

ISBN: 978 1 78027 515 4

British Library Cataloguing-in-Publication Data
A Catalogue record for this book is available from the British Library

Printed and bound by PNB Print, Latvia

These Hebridean sketches have been garnered over a period of fifty years – some whilst living on one of the islands, others as I escaped from mainland exile. Some landmarks are no more – a post box disappeared, the old pier superseded by the new, many hens long gone into the pot. The mountains and headlands and the horizon line of the sea, however, never change – or diminish.

— Mairi Hedderwick

2019

January Am Faoilleach

M	T	W	T	F	S	S
	1	2	3	4	5	6
7	8	9	10	11	12	13
14	15	16	17	18	19	20
21	22	23	24	25	26	27
28	29	30	31			

February An Gearran

M	T	W	T	F	S	S
				1	2	3
4	5	6	7	8	9	10
11	12	13	14	15	16	17
18	19	20	21	22	23	24
25	26	27	28			

March Am Màrt

M	T	W	T	F	S	S
				1	2	3
4	5	6	7	8	9	10
11	12	13	14	15	16	17
18	19	20	21	22	23	24
25	26	27	28	29	30	31

April An Giblean

M	T	W	T	F	S	S
1	2	3	4	5	6	7
8	9	10	11	12	13	14
15	16	17	18	19	20	21
22	23	24	25	26	27	28
29	30					

May An Cèitean

M	T	W	T	F	S	S
		1	2	3	4	5
6	7	8	9	10	11	12
13	14	15	16	17	18	19
20	21	22	23	24	25	26
27	28	29	30	31		

June An t-Ògmhios

M	T	W	T	F	S	S
					1	2
3	4	5	6	7	8	9
10	11	12	13	14	15	16
17	18	19	20	21	22	23
24	25	26	27	28	29	30

July An t-Iuchar

M	T	W	T	F	S	S
1	2	3	4	5	6	7
8	9	10	11	12	13	14
15	16	17	18	19	20	21
22	23	24	25	26	27	28
29	30	31				

August An Lùnastal

M	T	W	T	F	S	S
			1	2	3	4
5	6	7	8	9	10	11
12	13	14	15	16	17	18
19	20	21	22	23	24	25
26	27	28	29	30	31	

September An t-Sultain

M	T	W	T	F	S	S
						1
2	3	4	5	6	7	8
9	10	11	12	13	14	15
16	17	18	19	20	21	22
23	24	25	26	27	28	29
30						

October An Dàmhair

M	T	W	T	F	S	S
	1	2	3	4	5	6
7	8	9	10	11	12	13
14	15	16	17	18	19	20
21	22	23	24	25	26	27
28	29	30	31			

November An t-Samhain

M	T	W	T	F	S	S
				1	2	3
4	5	6	7	8	9	10
11	12	13	14	15	16	17
18	19	20	21	22	23	24
25	26	27	28	29	30	

December An Dùbhlachd

M	T	W	T	F	S	S
						1
2	3	4	5	6	7	8
9	10	11	12	13	14	15
16	17	18	19	20	21	22
23	24	25	26	27	28	29
30	31					

2020

January Am Faoilleach

M	T	W	T	F	S	S
		1	2	3	4	5
6	7	8	9	10	11	12
13	14	15	16	17	18	19
20	21	22	23	24	25	26
27	28	29	30	31		

February An Gearran

M	T	W	T	F	S	S
					1	2
3	4	5	6	7	8	9
10	11	12	13	14	15	16
17	18	19	20	21	22	23
24	25	26	27	28	29	

March Am Màrt

M	T	W	T	F	S	S
						1
2	3	4	5	6	7	8
9	10	11	12	13	14	15
16	17	18	19	20	21	22
23	24	25	26	27	28	29
30	31					

April An Giblean

M	T	W	T	F	S	S
		1	2	3	4	5
6	7	8	9	10	11	12
13	14	15	16	17	18	19
20	21	22	23	24	25	26
27	28	29	30			

May An Cèitean

M	T	W	T	F	S	S
				1	2	3
4	5	6	7	8	9	10
11	12	13	14	15	16	17
18	19	20	21	22	23	24
25	26	27	28	29	30	31

June An t-Ògmhios

M	T	W	T	F	S	S
1	2	3	4	5	6	7
8	9	10	11	12	13	14
15	16	17	18	19	20	21
22	23	24	25	26	27	28
29	30					

July An t-Iuchar

M	T	W	T	F	S	S
		1	2	3	4	5
6	7	8	9	10	11	12
13	14	15	16	17	18	19
20	21	22	23	24	25	26
27	28	29	30	31		

August An Lùnastal

M	T	W	T	F	S	S
					1	2
3	4	5	6	7	8	9
10	11	12	13	14	15	16
17	18	19	20	21	22	23
24	25	26	27	28	29	30
31						

September An t-Sultain

M	T	W	T	F	S	S
	1	2	3	4	5	6
7	8	9	10	11	12	13
14	15	16	17	18	19	20
21	22	23	24	25	26	27
28	29	30				

October An Dàmhair

M	T	W	T	F	S	S
			1	2	3	4
5	6	7	8	9	10	11
12	13	14	15	16	17	18
19	20	21	22	23	24	25
26	27	28	29	30	31	

November An t-Samhain

M	T	W	T	F	S	S
						1
2	3	4	5	6	7	8
9	10	11	12	13	14	15
16	17	18	19	20	21	22
23	24	25	26	27	28	29
30						

December An Dùbhlachd

M	T	W	T	F	S	S
	1	2	3	4	5	6
7	8	9	10	11	12	13
14	15	16	17	18	19	20
21	22	23	24	25	26	27
28	29	30	31			

- Bowmore Distillery
- Furnace -

December 2018
An Dùbhlachd

Monday Diluain 17

Tuesday Dimàirt 18

Wednesday Diciadain 19

Thursday Diardaoin 20

Friday Dihaoine 21
Winter Solstice
Grian-stad a' Gheamhraidh

Saturday Disathairne 22

Sunday Didòmhnaich 23

Tendrils of mist fingering over the cliffs of Burg

December
An Dùbhlachd

24	Christmas Eve Oidhche nam Bannag	Monday Diluain
25	Christmas Day Là na Nollaige	Tuesday Dimàirt
26	Boxing Day Là nam Bogsa Bank Holiday Là-fèill Banca	Wednesday Diciadain
27		Thursday Diardaoin

Friday Dihaoine 28

Saturday Disathairne 29

Sunday Didòmhnaich 30

2019

An Dùbhlachd Am Faoilleach

31 Hogmanay Oidhche Challainn — Monday Diluain

1 New Year's Day Là na Bliadhn' Ùire — Tuesday Dimàirt

Bank Holiday Là-fèill Banca

2 Bank Holiday (Scotland) Là-fèill Banca — Wednesday Diciadain

3 — Thursday Diardaoin

Friday Dihaoine 4

Saturday Disathairne 5

Sunday Didòmhnaich 6

Am Faoilleach

7 Monday Diluain

8 Tuesday Dimàirt

9 Wednesday Diciadain

10 Thursday Diardaoin

11 Friday Dihaoine

Saturday Disathairne 12

Sunday Didòmhnaich 13

January
Am Faoilleach

14 Monday Diluain

15 Tuesday Dimàirt

16 Wednesday Diciadain

17 Thursday Diardaoin

Friday Dihaoine 18

Saturday Disathairne 19

Sunday Didòmhnaich 20

Grass Point · Lochdon · MULL

Am Faoilleach

21 Monday Diluain

22 Tuesday Dimàirt

23 Wednesday Diciadain

24 Thursday Diardaoin

Ballevullin

— Bridgend P.O. ~ Islay ~

Friday Dihaoine | Burns Night Fèill Burns **25**

Saturday Disathairne **26**

Sunday Didòmhnaich **27**

January February

Am Faoilleach An Gearran

28 Monday Diluain

29 Tuesday Dimàirt

30 Wednesday Diciadain

31 Thursday Diardaoin

1 Friday Dihaoine

2 Candlemas
Là Fhèill Moire nan Coinnlean
Saturday Disathairne

3 Sunday Didòmhnaich

Entrance Porch
WEST HIGHLAND CROFTERS & FARMERS Ltd.
Lochboisdale.

February

An Gearran

4 Monday Diluain

5 Tuesday Dimàirt

6 Wednesday Diciadain

7 Thursday Diardaoin

Little Colonsay

Friday Dihaoine 8

Saturday Disathairne 9

Sunday Didòmhnaich 10

February

An Gearran

11 Monday Diluain

12 Tuesday Dimàirt

13 Wednesday Diciadain

14 St Valentine's Day
Là Fhèill Uailein
Thursday Diardaoin

· Cairns of Coll · Rum beyond ·

Friday Dihaoine 15

Saturday Disathairne 16

Sunday Didomhnaich 17

NEW
Embassy
THE OLD
PIER LIGHT
"The Riding School"
going along the
sea front
MILLPORT

February
An Gearran

Monday Diluain 18

Tuesday Dimàirt 19

Wednesday Diciadain 20

Thursday Diardaoin 21

Friday Dihaoine 22

Saturday Disathairne 23

Sunday Didòmhnaich 24

February
An Gearran

25 Monday Diluain

26 Tuesday Dimàirt

27 Wednesday Diciadain

February March
An Gearran Am Màrt

Thursday Diardaoin 28

Friday Dihaoine St David's Day La Fhèill Dhaibhidh 1

Saturday Disathairne 2

Sunday Didòmhnaich 3

Lachie's crannog. Grimsay.

Am Màrt

4 Monday Diluain

5 Shrove Tuesday Dimàirt Inid Tuesday Dimàirt

6 Ash Wednesday Diciadain na Luaithre Wednesday Diciadain

7 Thursday Diardaoin

8 Friday Dihaoine

9 Saturday Disathairne

10 Sunday Didòmhnaich

Orisaig

THE BARRA BILLY GOAT.

After he died he was buried only up to his neck for natural cleaning of his skull.

March
Am Màrt

11
Monday Diluain

12
Tuesday Dimàirt

13
Wednesday Diciadain

14
Thursday Diardaoin

Friday Dihaoine 15

Saturday Disathairne 16

Sunday Didòmhnaich — St Patrick's Day / Là Fhèill Pàdraig — 17

March
Am Màrt

18 Bank Holiday (Northern Ireland) Monday Diluain

19 Tuesday Dimàirt

20 Vernal Equinox
Co-fhad-thràth an Earraich
Wednesday Diciadain

Thursday Diardaoin 21

Friday Dihaoine 22

Saturday Disathairne 23

Sunday Didòmhnaich 24

Am Màrt

25 Monday Diluain

26 Tuesday Dimàirt

27 Wednesday Diciadain

28 Thursday Diardaoin

'Lochranza Garden

Friday Dihaoine 29

Saturday Disathairne 30

Sunday Didòmhnaich 31

British Summer Time begins
Uair Shamhraidh Bhreatainn

Mothers' Day Là nam Màthair

An Giblean

1 April Fools' Day
Là na Gogaireachd
Monday Diluain

2 Tuesday Dimàirt

3 Wednesday Diciadain

4 Thursday Diardaoin

5 Friday Dihaoine

6 Saturday Disathairne

7 Sunday Didòmhnaich

ARAKAN approaching
ST. KILDA . 15:00 hrs

LOCH EARBOL
TIREE

April
An Giblean

Monday Diluain 8

Tuesday Dimàirt 9

Wednesday Diciadain 10

Thursday Diardaoin 11

Friday Dihaoine 12

Saturday Disathairne 13

Sunday Didòmhnaich
Palm Sunday
Didòmhnaich Tùrnais 14

April
An Giblean

15 Monday Diluain

16 Tuesday Dimàirt

17 Wednesday Diciadain

18 Maundy Thursday
Diardaoin a' Bhrochain Mhòir
Thursday Diardaoin

Friday Dihaoine

Good Friday
Dihaoine na Càisge

19

Saturday Disathairne

20

Sunday Didòmhnaich

Easter Sunday
Didòmhnaich na Càisge

21

St. Moluag's
RAASAY

An Giblean

Monday Diluain | Easter Monday Diluain na Càisge | 22

Tuesday Dimàirt | St George's Day Là an Naoimh Seòras | 23

Wednesday Diciadain | 24

Thursday Diardaoin | 25

Friday Dihaoine | 26

Saturday Disathairne | 27

Sunday Didòmhnaich | 28

An Giblean An Cèitean

29 Monday Diluain

30 Tuesday Dimàirt

1 Beltane
Là Buidhe Bealltainn
Wednesday Diciadain

2 Thursday Diardaoin

Friday Dihaoine 3

Saturday Disathairne 4

Sunday Didòmhnaich 5

Carpets of pink purslane,
garlic, bluebells, forget-me-
nots, aconites & primroses
COLONSAY HOUSE GARDENS.
Horse chestnut leaves
just unfolding. Limp
& crumpled like the ears
of the new born lambs by
Loch Fada.
May 1st.

May
An Cèitean

Monday Diluain — Bank Holiday Là-fèill Banca — 6

Tuesday Dimàirt — 7

Wednesday Diciadain — 8

Thursday Diardaoin — 9

Friday Dihaoine — 10

Saturday Disathairne — 11

Sunday Didòmhnaich — 12

An Cèitean

13 Monday Diluain

14 Tuesday Dimàirt

15 Wednesday Diciadain

16 Thursday Diardaoin

Leaving Rum & Canna.

Friday Dihaoine 17

Saturday Disathairne 18

Sunday Didòmhnaich 19

May
An Cèitean

20 Monday Diluain

21 Tuesday Dimàirt

22 Wednesday Diciadain

23 Thursday Diardaoin

24 Friday Dihaoine

25 Saturday Disathairne

26 Sunday Didòmhnaich

Window . IONA

May
An Cèitean

27 Spring Bank Holiday — Monday Diluain
Là-fèill Banca an Earraich

28 — Tuesday Dimàirt

29 — Wednesday Diciadain

30 Ascension Day — Thursday Diardaoin
Deasghabhail

May June
An Cèitean An t-Ògmhios

Friday Dihaoine 31

Saturday Disathairne 1

Sunday Didòmhnaich 2

An t-Ògmhios

3 Monday Diluain

4 Tuesday Dimàirt

5 Wednesday Diciadain

6 Thursday Diardaoin

Friday Dihaoine 7

Saturday Disathairne 8

Sunday Didòmhnaich — Whitsunday or Pentecost / Didòmhnaich na Caingis 9

- Grey Seals Jacuzzi -
- St. Kilda -

June
An t-Ògmhios

Monday Diluain 10

Tuesday Dimàirt 11

Wednesday Diciadain 12

Thursday Diardaoin 13

Friday Dihaoine 14

Saturday Disathairne 15

Sunday Didòmhnaich — Fathers' Day / Là nan Athair 16

An t-Ògmhios

17 Monday Diluain

18 Tuesday Dimàirt

19 Wednesday Diciadain

Thursday Diardaoin 20

Friday Dihaoine Summer Solstice Grian-stad an t-Samhraidh 21

Saturday Disathairne 22

Sunday Didòmhnaich 23

June
An t-Ògmhios

24 Monday Diluain

25 Tuesday Dimàirt

26 Wednesday Diciadain

27 Thursday Diardaoin

28 Friday Dihaoine

29 Saturday Disathairne

30 Sunday Didòmhnaich

Lismore
Port Ramsay

July
An t-Iuchar

1 Monday Diluain

2 Tuesday Dimàirt

3 Wednesday Diciadain

4 Thursday Diardaoin

Friday Dihaoine 5

Saturday Disathairne 6

Sunday Didòmhnaich 7

July
An t-Iuchar

8		Monday Diluain
9		Tuesday Dimàirt
10		Wednesday Diciadain
11		Thursday Diardaoin
12	Bank Holiday (Northern Ireland) Là-fèill Banca	Friday Dihaoine

Saturday Disathairne 13

Sunday Didòmhnaich 14

An t-Iuchar

15 St Swithin's Day
Là Fhèill Màrtainn Builg
Monday Diluain

16
Tuesday Dimàirt

17
Wednesday Diciadain

Rounding Ardnamurchan – The Smal

Thursday Diardaoin 18

Friday Dihaoine 19

Saturday Disathairne 20

Sunday Didòmhnaich 21

Mr. Muscovy
& the Ulva Payphone.

July

An t-Iuchar

Monday Diluain 22

Tuesday Dimàirt 23

Wednesday Diciadain 24

Thursday Diardaoin 25

Friday Dihaoine 26

Saturday Disathairne 27

Sunday Didòmhnaich 28

July August

An t-Iuchar An Lùnastal

29 Monday Diluain

30 Tuesday Dimàirt

31 Wednesday Diciadain

1 Lammas Lùnastal Thursday Diardaoin

Friday Dihaoine 2

Saturday Disathairne 3

Sunday Didòmhnaich 4

The Wine Tasters' yacht

An Lùnastal

5 Bank Holiday (Scotland)
Là-fèill Banca
Monday Diluain

6 Tuesday Dimàirt

7 Wednesday Diciadain

8 Thursday Diardaoin

9 Friday Dihaoine

10 Saturday Disathairne

11 Sunday Didòmhnaich

ROBBIE, CALLED
IN FOR COFFEE, BUT
NOBODY HOME
JONNY
Holiday House. Barra

August
An Lùnastal

12 Monday Diluain

13 Tuesday Dimàirt

14 Wednesday Diciadain

15 Thursday Diardaoin

Bowmore · Isle of Islay.

Friday Dihaoine 16

Saturday Disathairne 17

Sunday Didòmhnaich 18

August
An Lùnastal

19 Monday Diluain

20 Tuesday Dimàirt

21 Wednesday Diciadain

22 Thursday Diardaoin

Friday Dihaoine 23

Saturday Disathairne 24

Sunday Didòmhnaich 25

An Lùnastal

26 Summer Bank Holiday (not Scotland) — Monday Diluain

Là-fèill Banca an t-Samhraidh

27 — Tuesday Dimàirt

28 — Wednesday Diciadain

29 — Thursday Diardaoin

Friday Dihaoine 30

Saturday Disathairne 31

Sunday Didòmhnaich 1

· Oiseval cliffs · Hirta · St. Kilda ·

An t-Sultain

Monday Diluain 2

Tuesday Dimàirt 3

Wednesday Diciadain 4

Thursday Diardaoin 5

Friday Dihaoine 6

Saturday Disathairne 7

Sunday Didòmhnaich 8

September
An t-Sultain

9 Monday Diluain

10 Tuesday Dimàirt

11 Wednesday Diciadain

Thursday Diardaoin 12

Friday Dihaoine 13

Saturday Disathairne 14

Sunday Didòmhnaich 15

September

An t-Sultain

16 Monday Diluain

17 Tuesday Dimàirt

18 Wednesday Diciadain

19 Thursday Diardaoin

20 Friday Dihaoine

21 Saturday Disathairne

22 Sunday Didòmhnaich

Pennyghael 203
MULL
I know where I'm going....

An t-Sultain

23 Autumnal Equinox
Co-fhad-thràth an Fhoghair

Monday Diluain

24

Tuesday Dimàirt

25

Wednesday Diciadain

Thursday Diardaoin 26

Friday Dihaoine 27

Saturday Disathairne 28

Sunday Didòmhnaich 29

An t-Sultain An Dàmhair

30 Monday Diluain

1 Tuesday Dimàirt

2 Wednesday Diciadain

Thursday Diardaoin **3**

Friday Dihaoine **4**

Saturday Disathairne **5**

Sunday Didòmhnaich Grandparents' Day **6**
Latha nan Seanmhair 's nan Seanair

An Dàmhair

7 Monday Diluain

8 Tuesday Dimàirt

9 Wednesday Diciadain

10 Thursday Diardaoin

Friday Dihaoine 11

Saturday Disathairne 12

Sunday Didòmhnaich 13

October
An Dàmhair

14 Monday Diluain

15 Tuesday Dimàirt

16 Wednesday Diciadain

17 Thursday Diardaoin

· The Blue Day · Canna ·

Friday Dihaoine 18

Saturday Disathairne 19

Sunday Didòmhnaich 20

. Leverburgh · Harris

An Dàmhair

Monday Diluain 21

Tuesday Dimàirt 22

Wednesday Diciadain 23

Thursday Diardaoin 24

Friday Dihaoine 25

Saturday Disathairne 26

Sunday Didòmhnaich 27

British Summer Time ends
Crìoch Uair Shamhraidh Bhreatainn

October
An Dàmhair

28 Monday Diluain

29 Tuesday Dimàirt

30 Wednesday Diciadain

31 Hallowe'en
Oidhche Shamhna
Thursday Diardaoin

An t-Samhain

Friday Dihaoine — All Saints' Day / Fèill nan Uile Naomh — 1

Saturday Disathairne — 2

Sunday Didòmhnaich — 3

November

An t-Samhain

4 Monday Diluain

5 Guy Fawkes Night
Oidhche Ghuy Fawkes
Tuesday Dimàirt

6 Wednesday Diciadain

7 Thursday Diardaoin

Friday Dihaoine 8

Saturday Disathairne 9

Sunday Didòmhnaich Remembrance Sunday Didòmhnaich Cuimhneachaidh 10

An t-Samhain

11 Martinmas
Là Fhèill Màrtainn
Monday Diluain

12
Tuesday Dimàirt

13
Wednesday Diciadain

14
Thursday Diardaoin

Beach Huts · Brodick · Arran

Friday Dihaoine 15

Saturday Disathairne 16

Sunday Didòmhnaich 17

GAELIC PROVERB:
"He'll not sell his hen on a rainy day"
GRIMSAY

An t-Samhain

Monday Diluain 18

Tuesday Dimàirt 19

Wednesday Diciadain 20

Thursday Diardaoin 21

Friday Dihaoine 22

Saturday Disathairne 23

Sunday Didòmhnaich 24

November

An t-Samhain

25 Monday Diluain

26 Tuesday Dimàirt

27 Wednesday Diciadain

28 Thursday Diardaoin

November December

An t-Samhain An Dùbhlachd

Friday Dihaoine 29

Saturday Disathairne St Andrew's Day Là an Naoimh Anndras 30

Sunday Didòmhnaich 1

An Dùbhlachd

2 Bank Holiday (Scotland)
Là-fèill Banca
Monday Diluain

3 Tuesday Dimàirt

4 Wednesday Diciadain

5 Thursday Diardaoin

6 Friday Dihaoine

7 Saturday Disathairne

8 Sunday Didòmhnaich

· Kinloch · Rum ·

December

An Dùbhlachd

9

Monday Diluain

10

Tuesday Dimàirt

11

Wednesday Diciadain

12

Thursday Diardaoin

Friday Dihaoine 13

Saturday Disathairne 14

Sunday Didòmhnaich 15

December
An Dùbhlachd

16 Monday Diluain

17 Tuesday Dimàirt

18 Wednesday Diciadain

Glenbatrick Lodge . JURA

Thursday Diardaoin 19

Friday Dihaoine 20

Saturday Disathairne 21

Sunday Didòmhnaich 22

Winter Solstice
Grian-stad a' Gheamhraidh

The Stove.
Camus Lusta.
Skye.

An Dùbhlachd

Monday Diluain 23

Tuesday Dimàirt 24

Christmas Eve
Oidhche nam Bannag

Wednesday Diciadain 25

Christmas Day
Là na Nollaige

Thursday Diardaoin 26

Boxing Day Là nam Bogsa

Bank Holiday Là-fèill Banca

Friday Dihaoine 27

Saturday Disathairne 28

Sunday Didòmhnaich 29

An Dùbhlachd Am Faoilleach 2020

30 Monday Diluain

31 Hogmanay
Oidhche Challainn
Tuesday Dimàirt

1 New Year's Day
Là na Bliadhn' Ùire
Wednesday Diciadain

2 Bank Holiday (Scotland)
Là-fèill Banca
Thursday Diardaoin

Friday Dihaoine 3

Saturday Disathairne 4

Sunday Didòmhnaich 5

January 2020
Am Faoilleach

6 Monday Diluain

7 Tuesday Dimàirt

8 Wednesday Diciadain

9 Thursday Diardaoin

10 Friday Dihaoine

11 Saturday Disathairne

12 Sunday Didòmhnaich

BORNISH · S.UIST. On the Road out to RUDHA ARDVULE.
Mile wide machair.

January 2020

1	New Year's Day Là na Bliadhn' Ùire	Wednesday Diciadain
2	Bank Holiday (Scotland) Là-fèill Banca	Thursday Diardaoin
3		Friday Dihaoine
4		Saturday Disathairne
5		Sunday Didòmhnaich
6		Monday Diluain
7		Tuesday Dimàirt
8		Wednesday Diciadain
9		Thursday Diardaoin
10		Friday Dihaoine
11		Saturday Disathairne
12		Sunday Didòmhnaich
13		Monday Diluain

14 Tuesday Dimàirt

15 Wednesday Diciadain

16 Thursday Diardaoin

17 Friday Dihaoine

18 Saturday Disathairne

19 Sunday Didòmhnaich

20 Monday Diluain

21 Tuesday Dimàirt

22 Wednesday Diciadain

23 Thursday Diardaoin

24 Friday Dihaoine

25 Burns Night Fèill Burns Saturday Disathairne

26 Sunday Didòmhnaich

27 Monday Diluain

28 Tuesday Dimàirt

29 Wednesday Diciadain

30 Thursday Diardaoin

31 Friday Dihaoine

Notes

Notes

Notes

Notes

Notes

Notes

Notes

Caledonian MacBrayne Contact Details:
Enquiries and Reservations: 0800 066 5000
www.calmac.co.uk

Hebridean Celtic Festival, Isle of Lewis
www.hebceltfest.com

Royal National Mod
www.ancomunn.co.uk

Fèisean nan Gàidheal
www.feisean.org

Shipping Forecast BBC Radio 4 – 92.4–94.6 FM,
1515m (198kHz): 00:48, 05:20, 12:01, 17:54

Notes